EL ROBO DE ARTE EN CÓRDOBA
*Kunstraub in Córdoba*

Eine spannende Geschichte auf Spanisch
für Anfänger mit Grundkenntnissen
mit deutscher Übersetzung und Vokabelliste

von Valerie Springer

## Impressum

**Titel:**
EL ROBO DE ARTE EN CÓRDOBA
*Kunstraub in Córdoba*
aus der Reihe „Geschichten auf Spanisch: Lernen leicht gemacht"
**Autorin:**
Valerie Springer
**Illustrationen:**
Lenora Sternbach
**Copyright:**
© 2025 Valerie Springer. Alle Rechte vorbehalten.
**Hinweis:**
Dieses Buch, einschließlich seiner Texte und Illustrationen, ist urheberrechtlich geschützt. Jede Vervielfältigung, Verbreitung oder öffentliche Wiedergabe – auch auszugsweise – ist ohne die ausdrückliche schriftliche Genehmigung der Autorin untersagt.
**Haftungsausschluss:**
Die Inhalte dieses Buches wurden mit größter Sorgfalt erstellt. Für die Richtigkeit, Vollständigkeit und Aktualität der Inhalte übernimmt die Autorin jedoch keine Haftung.
ISBN: 978-3-7597-9250-1

Verlag: BoD · Books on Demand GmbH, In de Tarpen 42, 22848 Norderstedt, bod@bod.de
Druck: Libri Plureos GmbH, Friedensallee 273, 22763 Hamburg

# EL ROBO DE ARTE EN CÓRDOBA

*Kunstraub in Córdoba*

Eine spannende Geschichte auf Spanisch
für Anfänger mit Grundkenntnissen
mit deutscher Übersetzung und Vokabelliste

## Valerie Springer

# ¡Bienvenido!

## Willkommen!

Lernen hält das Gehirn fit – und was könnte schöner sein, als dabei in eine spannende Geschichte einzutauchen?

Das Ziel dieses Buches ist einfach: Spanisch lernen soll Spaß machen! Lernen soll leicht, angenehm und unterhaltsam sein. Keine trockenen Grammatikübungen oder endlose Vokabellisten, sondern eine Story, die dich unterhält und ganz nebenbei dein Sprachgefühl verbessert.

## Du musst keine Vokabeln pauken!

Je mehr du dich auf die Handlung einlässt und mitfühlst, desto leichter merkst du dir die Vokabeln. Denn **emotionales Lesen** aktiviert spezielle Bereiche in deinem Gehirn – das macht es spielerisch leicht, neue Wörter und Phrasen kennenzulernen und zu behalten.

Das ist das Besondere an Geschichten: Mit jedem Kapitel tauchst du tiefer in die spanische Sprache ein, und das ganz ohne Druck. Die Wörter und Phrasen prägen sich in dein Unterbewusstsein ein, einfach weil du sie im Kontext erlebst und durch die Emotionen der Geschichte verstärkst.

So macht Lernen nicht nur Spaß, sondern wird auch besonders effektiv!

## Das erwartet dich:

- **Kurze Kapitel:** Die Geschichte ist so geschrieben, dass du sie Schritt für Schritt genießen kannst, ohne überfordert zu sein.
- **Einfache Sprache:** Der Text verwendet klar verständliches Spanisch, das speziell für Anfänger mit Vorkenntnissen angepasst wurde.
- **Deutsche Übersetzungen:** Jedes Kapitel enthält eine deutsche Übersetzung, falls du dich einmal mit dem Sinn eines Satzes schwertust.

## So benutzt du dieses Buch:

1. Lies jedes Kapitel in Ruhe. Lass dich von der Geschichte mitreißen.
2. Lies die deutsche Übersetzung, wenn du unsicher bist, ob du den Text richtig verstanden hast.
3. Schau dir die Vokabellisten an, falls du ein Wort nicht verstehst.
4. Lies das Kapitel ein zweites Mal, und diesmal wirst du schon viel mehr verstehen!
5. Genieße das Gefühl, wie dein Spanisch mit jedem Kapitel besser wird.

**¡Buena suerte y disfruta la lectura!**
Viel Glück und genieße das Lesen!

## Capítulo 1: La exposición

Miguel trabaja en el Centro Cultural del barrio de San Basilio, en Córdoba. San Basilio es un lugar muy bonito, con patios llenos de flores y calles pequeñas. Miguel tiene 28 años y le encanta el arte. Su sueño es que más personas visiten San Basilio y que el barrio sea famoso por su cultura.

Ahora, Miguel organiza una exposición de arte. La exposición se llama *Tesoros del arte andaluz*. Miguel trabaja mucho para preparar todo: pide los cuadros, organiza la publicidad y coloca las obras en el centro. El cuadro más importante de la exposición se llama *El jardín de la Alhambra*. Es un cuadro antiguo del siglo XIX y muy valioso. Un coleccionista privado lo presta para la exposición, y Miguel está muy orgulloso de tenerlo.

El día de la inauguración, muchas personas visitan el centro. Los visitantes caminan por las salas y miran los cuadros. Miguel habla con todos, sonríe y se asegura de que todo esté bien. Entre los visitantes están Don Ramón, un hombre que tiene una galería de arte en el centro de Córdoba; Carmen, una artista local que expone sus obras; y un turista llamado Javier, que mira *El jardín de la Alhambra* durante mucho tiempo. Miguel nota que Javier parece muy concentrado.

Por la noche, cuando termina la inauguración, Miguel está cansado pero contento. Todo sale bien. Antes de irse, Miguel camina por las salas para comprobar que los cuadros están en su lugar. Se para delante de *El jardín de la Alhambra* y piensa: „Este cuadro va a atraer a muchas personas.”

Finalmente, apaga las luces, cierra la puerta y se va a casa. En las calles de San Basilio hay silencio. Miguel no sabe que esa misma noche algo muy extraño va a pasar.

# Kapitel 1: Die Ausstellung

Miguel arbeitet im Kulturzentrum des Viertels San Basilio in Córdoba. San Basilio ist ein sehr schöner Ort mit Innenhöfen voller Blumen und kleinen Straßen. Miguel ist 28 Jahre alt und liebt die Kunst. Sein Traum ist, dass mehr Menschen San Basilio besuchen und das Viertel für seine Kultur berühmt wird.

Jetzt organisiert Miguel eine Kunstausstellung. Die Ausstellung heißt *Schätze der andalusischen Kunst*. Miguel arbeitet viel, um alles vorzubereiten: Er holt die Gemälde, organisiert die Werbung und stellt die Werke im Zentrum auf. Das wichtigste Gemälde der Ausstellung heißt *Der Garten der Alhambra*. Es ist ein altes Gemälde aus dem 19. Jahrhundert und sehr wertvoll. Ein privater Sammler leiht es für die Ausstellung, und Miguel ist sehr stolz darauf.

Am Tag der Eröffnung besuchen viele Menschen das Zentrum. Die Besucher gehen durch die Räume und schauen sich die Gemälde an. Miguel spricht mit allen, lächelt und sorgt dafür, dass alles gut läuft. Unter den Besuchern sind Don Ramón, ein Mann, der eine Kunstgalerie im Zentrum von Córdoba besitzt; Carmen, eine lokale Künstlerin, die ihre Werke ausstellt; und ein Tourist namens Javier, der *Der Garten der Alhambra* lange betrachtet. Miguel bemerkt, dass Javier sehr konzentriert wirkt.

Am Abend, als die Eröffnung endet, ist Miguel müde, aber glücklich. Alles läuft gut. Bevor er geht, läuft Miguel durch die Räume, um sicherzustellen, dass die Gemälde an ihrem Platz sind. Er bleibt vor *Der Garten der Alhambra* stehen und denkt: „Dieses Gemälde wird viele Menschen anziehen."

Schließlich schaltet er die Lichter aus, schließt die Tür und geht nach Hause. Auf den Straßen von San Basilio herrscht Stille. Miguel weiß nicht, dass in dieser Nacht etwas sehr Seltsames passieren wird.

# Vokabelliste

| | |
|---|---|
| trabajar | arbeiten |
| centro cultural | Kulturzentrum |
| barrio | Viertel |
| bonito/a | schön |
| exposición | Ausstellung |
| cuadro | Gemälde |
| valioso/a | wertvoll |
| coleccionista privado | privater Sammler |
| prestar | leihen |
| orgulloso/a | stolz |
| visitante | Besucher |
| sala | Raum |
| comprobar | überprüfen |
| atraer | anziehen |
| silencio | Stille |
| extraño/a | seltsam |

## Capítulo 2: El robo

Al día siguiente, Miguel llega temprano al centro cultural. Está contento porque la inauguración fue un éxito y espera que muchas personas visiten la exposición. Abre la puerta y entra en las salas, pero algo le parece extraño. El lugar está en silencio, más de lo normal. Miguel siente un poco de nerviosismo, aunque no sabe por qué.

Cuando llega a la sala principal, su corazón se acelera. *El jardín de la Alhambra* no está en su lugar. Miguel revisa rápidamente toda la sala, pensando que alguien tal vez movió el cuadro. Pero no lo encuentra. El cuadro ha desaparecido.

Miguel llama a la policía inmediatamente. En pocos minutos, dos agentes llegan al centro cultural. Uno de ellos, la inspectora Rosa, comienza a hacer preguntas a Miguel.

„¿Quién tenía acceso a la exposición anoche?", pregunta Rosa.

„Solo yo. Cerré las puertas y comprobé que todo estuviera en orden antes de irme", responde Miguel.

El otro agente, Luis, revisa la sala. Encuentra un pequeño rastro de arena cerca de una ventana. La ventana está un poco abierta, pero no rota.

„Parece que el ladrón entró por aquí", dice Luis, señalando la ventana.

Miguel no entiende cómo pudo pasar algo así. La ventana estaba cerrada cuando él se fue, está seguro.

Mientras la policía comienza a investigar, Miguel se siente culpable. Piensa que tal vez cometió un error al no revisar bien todo. También piensa en el cuadro y lo que significa para la exposición. Sin *El jardín de la Alhambra*, muchas personas no visitarán el centro cultural.

Por la tarde, Isabel, una amiga de Miguel, llega al centro cultural. Isabel estudia periodismo y siempre está interesada en las noticias del barrio.

„Un coleccionista privado presta el cuadro para la exposición", explica Miguel. „Aunque el seguro cubre el valor económico, el propietario estaría muy triste si no se recupera. Es una herencia familiar y es insustituible."

Isabel decide ayudar a Miguel a descubrir qué pasó con *El jardín de la Alhambra*. Ambos saben que será difícil, pero están decididos a encontrar al ladrón.

## Kapitel 2: Der Diebstahl

Am nächsten Tag kommt Miguel früh ins Kulturzentrum. Er ist glücklich, weil die Eröffnung ein Erfolg war, und hofft, dass viele Menschen die Ausstellung besuchen. Er öffnet die Tür und betritt die Räume, doch etwas kommt ihm seltsam vor. Der Ort ist still, stiller als gewöhnlich. Miguel spürt eine leichte Nervosität, obwohl er nicht weiß, warum.

Als er den Hauptsaal erreicht, schlägt sein Herz schneller. *Der Garten der Alhambra* ist nicht mehr an seinem Platz. Miguel durchsucht schnell den ganzen Saal und denkt, dass vielleicht jemand das Gemälde verschoben hat. Aber er findet es nicht. Das Gemälde ist verschwunden.

Miguel ruft sofort die Polizei. Innerhalb weniger Minuten kommen zwei Polizisten ins Kulturzentrum. Eine von ihnen, die Inspektorin Rosa, beginnt Miguel Fragen zu stellen.

„Wer hatte gestern Nacht Zugang zur Ausstellung?", fragt Rosa.

„Nur ich. Ich habe die Türen geschlossen und überprüft, dass alles in Ordnung war, bevor ich gegangen bin", antwortet Miguel.

Der andere Polizist, Luis, untersucht den Raum. Er findet eine kleine Spur von Sand in der Nähe eines Fensters. Das Fenster ist ein wenig geöffnet, aber nicht beschädigt.

„Es scheint, dass der Dieb durch dieses Fenster eingestiegen ist", sagt Luis und zeigt auf das Fenster. Miguel versteht nicht, wie das passieren konnte. Er ist sich sicher, dass das Fenster geschlossen war, als er ging.

Während die Polizei mit den Ermittlungen beginnt, fühlt sich Miguel schuldig. Er denkt, dass er vielleicht einen Fehler gemacht hat, weil er nicht alles genau überprüft hat. Außerdem denkt er an das Gemälde und daran, was es für die Ausstellung bedeutet. Ohne *Der Garten der Alhambra* werden viele Menschen das Kulturzentrum nicht besuchen.

Am Nachmittag kommt Isabel, eine Freundin von Miguel, ins Kulturzentrum. Isabel studiert Journalismus und interessiert sich immer für die Neuigkeiten aus dem Viertel.

„Ein privater Sammler stellt das Bild für die Ausstellung zur Verfügung", erklärt Miguel. „Obwohl die Versicherung den finanziellen Wert abdeckt, wäre der Besitzer sehr unglücklich, wenn es nicht zurückgegeben wird. Es ist ein Familienerbstück und unersetzlich."

Isabel beschließt, Miguel zu helfen, herauszufinden, was mit *Der Garten der Alhambra* passiert ist. Beide wissen, dass es schwierig wird, aber sie sind entschlossen, den Dieb zu finden.

## Vokabelliste

| | |
|---|---|
| desaparecer | verschwinden |
| ventana | Fenster |
| arena | Sand |
| culpable | schuldig |
| comprobar | überprüfen |
| ladrón | Dieb |
| rastro | Spur |
| investigar | ermitteln/untersuchen |
| periodista | Journalist/in |
| extraño/a | seltsam |
| cuadro | Gemälde |
| éxito | Erfolg |
| acusar | beschuldigen |
| entender | verstehen |
| decidido/a | entschlossen |
| herencia familiar | Familienerbstück |

## Capítulo 3: Las primeras pistas

Miguel y Isabel se reúnen en el centro cultural a la mañana siguiente. Ambos están decididos a descubrir qué pasó con *El jardín de la Alhambra*. Miguel muestra a Isabel el lugar donde la policía encontró la arena.

„Mira esto", dice Miguel, señalando la ventana. „Luis cree que el ladrón entró por aquí."

Isabel observa el marco de la ventana con atención. „La ventana no está rota. Alguien la forzó para abrirla", dice. „Es evidente que no fue culpa tuya, Miguel.."

„Al menos ahora sé que no es mi error", dice Miguel aliviado.

Después de revisar la ventana, Isabel camina por la sala principal. De repente, se detiene y recoge algo del suelo. Es un pequeño pedazo de tela oscura. „¿Qué es esto?", pregunta Miguel.

„No lo sé, pero podría ser importante", responde Isabel mientras guarda la tela en una bolsa pequeña.

Más tarde, deciden visitar a Don Ramón, el dueño de una galería de arte. Miguel sabe que Don Ramón tiene contactos en el mundo del arte y tal vez pueda darles información. Cuando llegan a su galería, Don Ramón está detrás del mostrador, ordenando unas pinturas. „Buenos días, Don Ramón", saluda Miguel. „Necesitamos hacerle unas preguntas sobre el robo en el centro cultural."

Don Ramón los mira con sorpresa. „¿Un robo, dices…? Qué terrible. ¿Qué puedo hacer para ayudar?", pregunta.

Miguel le cuenta lo que pasó. Don Ramón escucha con atención y después dice: „Es un cuadro muy famoso. Si alguien lo robó, probablemente es para una colección privada. Los coleccionistas pagan mucho por arte robado."

Durante la conversación con Don Ramón, Isabel ve un cuadro que hay en un rincón de la galería. „¿Es una copia de *El jardín de la Alhambra*?", pregunta Isabel nerviosa.

„Es solo una impresión de alta calidad.", responde Don Ramón con una sonrisa. „El original es una verdadera obra maestra del arte".

Isabel se siente aliviada. Miguel asiente y dice: „Las impresiones artísticas de obras famosas no son algo inusual."

Después de despedirse de Don Ramón, Miguel e Isabel regresan al centro cultural.

„¿Qué opinas?", pregunta Miguel.

„Don Ramón parece sincero", responde Isabel, „pero es curioso que tenga una reproducción de *El jardín de la Alhambra*, pero puede ser solo una coincidencia."

Ambos deciden que el próximo paso es visitar a Carmen, la artista local. Tal vez tenga información útil. Aunque aún no tienen pruebas claras, sienten que están más cerca de la verdad.

## Kapitel 3: Die ersten Spuren

Miguel und Isabel treffen sich am nächsten Morgen im Kulturzentrum. Beide sind entschlossen herauszufinden, was mit *Der Garten der Alhambra* passiert ist. Miguel zeigt Isabel die Stelle, an der die Polizei den Sand gefunden hat.

„Schau mal", sagt Miguel und zeigt auf das Fenster. „Luis glaubt, dass der Dieb hier eingestiegen ist."

Isabel betrachtet den Fensterrahmen aufmerksam. „Das Fenster ist nicht kaputt. Jemand hat es aufgehebelt, um es zu öffnen", sagt sie. „Es ist offensichtlich, dass das nicht deine Schuld ist, Miguel."

„Zumindest weiß ich jetzt, dass es nicht mein Fehler ist." sagt Miguel erleichtert.

Nachdem sie das Fenster untersucht haben, geht Isabel durch den Hauptsaal. Plötzlich bleibt sie stehen und hebt etwas Dunkles vom Boden auf. Es ist ein kleines Stück Stoff.

„Was ist das?" fragt Miguel.

„Ich weiß es nicht, aber es könnte wichtig sein", antwortet Isabel und steckt den Stoff in eine kleine Tasche.

Später beschließen sie, Don Ramón zu besuchen, den Besitzer einer Kunstgalerie. Miguel weiß, dass Don Ramón Kontakte in der Kunstwelt hat und vielleicht Informationen geben kann. Als sie in seiner Galerie ankommen, steht Don Ramón hinter dem Tresen und sortiert einige Gemälde.

„Guten Morgen, Don Ramón", begrüßt Miguel ihn. „Wir müssen Ihnen ein paar Fragen zu dem Diebstahl im Kulturzentrum stellen."

Don Ramón schaut überrascht auf. „Ein Diebstahl, sagst du … Wie schrecklich. Was kann ich tun, um zu helfen?", fragt er.

Miguel erzählt ihm, was passiert ist. Don Ramón hört aufmerksam zu und sagt dann: „Das ist ein sehr berühmtes Gemälde. Wenn es jemand gestohlen hat, dann wahrscheinlich für eine private Sammlung. Sammler zahlen viel Geld für gestohlene Kunstwerke."

Während des Gesprächs mit Don Ramón bemerkt Isabel ein Gemälde in einer Ecke der Galerie. Sie zeigt darauf. „Ist das eine Kopie von *El jardín de la Alhambra*?", fragt sie nervös.

„Ah, nein. Es ist ein Kunstdruck", antwortet Don Ramón mit einem Lächeln. „Das Original ist ein echtes Kunstwerk."

Isabel ist erleichtert, Miguel nickt und sagt: „Kunstdrucke berühmter Werke sind nicht ungewöhnlich."

Nachdem sie sich von Don Ramón verabschiedet haben, gehen Miguel und Isabel zurück zum Kulturzentrum.

„Was denkst du?" fragt Miguel.

„Don Ramón wirkt ehrlich", sagt Isabel. „Es ist seltsam, dass er einen Kunstdruck von *El jardín de la Alhambra* hat, aber es könnte auch nur ein Zufall sein."

Beide beschließen, als nächsten Schritt Carmen zu besuchen, die lokale Künstlerin. Sie hat vielleicht nützliche Informationen.

Obwohl sie noch keine klaren Beweise haben, fühlen sie sich der Wahrheit näher.

## Vokabelliste

| | |
|---|---|
| pista | Spur |
| forzar | aufhebeln |
| marco | Rahmen |
| tela | Stoff |
| galería de arte | Kunstgalerie |
| copia | Kopie |
| coincidencia | Zufall |
| obra maestra | Meisterwerk |
| colección privada | private Sammlung |
| sospechar | vermuten, verdächtigen |
| investigar | ermitteln, untersuchen |
| sincero/a | ehrlich |
| despedirse | sich verabschieden |

# Capítulo 4: Una visita a Carmen

Por la tarde, Miguel y Isabel caminan hacia el estudio de Carmen, la artista local que también participa en la exposición. Su estudio está en una calle tranquila, cerca de la Mezquita-Catedral de Córdoba.

Cuando llegan, Carmen está pintando en un gran lienzo. „Hola, Miguel, Isabel. ¿Qué los trae por aquí?", pregunta Carmen con una sonrisa.

„Hola, Carmen. Necesitamos hablar contigo sobre el robo del cuadro *El jardín de la Alhambra*", responde Miguel.

Carmen se detiene y deja el pincel sobre la mesa. Su expresión cambia ligeramente.

„¿El robo? Qué desastre. Lo he entendido esta mañana. Es terrible para la exposición", dice, aunque su tono no parece muy sorprendido.

Isabel observa el estudio. Está lleno de pinturas, bocetos y materiales de arte. En una esquina, ve un cuadro que le llama la atención. „Ese cuadro… ¿es una copia de *El jardín de la Alhambra*?", pregunta Isabel, señalando la pintura.

„Sí, lo es. La he hecho para practicar. Es una obra que siempre me ha fascinado", responde Carmen, algo incómoda.

Miguel y Isabel intercambian miradas. Ya es la segunda copia del cuadro que encuentran en tan poco tiempo.

„Carmen, tu estabas en la inauguración anoche", dice Isabel.

„Sí, claro. Me quedé casi hasta el final. Me fui cuando empezaron a cerrar las puertas. ¿Por qué?"

„Estamos intentando entender quién pudo entrar al centro cultural y robar el cuadro", dice Miguel.

„Bueno, no sé quién podría hacer algo así, pero Córdoba está llena de turistas y algunos pueden ser poco confiables", responde Carmen, evitando la mirada de Isabel.

Cuando salen del estudio, Isabel está pensativa.

„¿Qué opinas?", pregunta Miguel.

„Es extraño que Carmen ha hecho una copia del cuadro. Parece estar diciendo la verdad, pero algo en su comportamiento no me convence del todo", responde Isabel.

De camino de regreso al centro cultural, llaman a Rosa para reunirse con la inspectora.

Cuando llegan al centro, Rosa ya está allí revisando algunas pistas y pruebas.

Le cuentan que visitaron a Don Ramón. Rosa asiente y dice que también lo han investigado y han confirmado que no tiene ninguna conexión con el robo. „Aunque tiene una galería grande, nunca recibe las obras maestras más famosas, por lo que le gusta tener reproducciones de esas piezas", dice Rosa.

Luego mencionan que han visitado a Carmen y que la artista se comportó de manera extraña.

Rosa les dice que ya ha comenzado a investigar a Carmen.

„¿Y habéis encontrado algo más?". pregunta Miguel y comenta algo sobre las cámaras de seguridad cercanas al centro cultural.

„Hay algo extraño. Parece que alguien ha desactivado las cámaras de la calle principal la noche del robo", responde Rosa.

Y finalmente, Miguel e Isabel le entregan el trozo de tela a Rosa, que Isabel encontró en el suelo del centro cultural. Miguel pregunta: „¿Podría ser una pista? Estaba cerca de la ventana donde ocurrió el robo."

Los tres intercambian miradas de preocupación. Quienquiera que haya robado el cuadro, sabía exactamente lo que hacía.

## Kapitel 4: Ein Besuch bei Carmen

Am Nachmittag gehen Miguel und Isabel zum Atelier von Carmen, der lokalen Künstlerin, die ebenfalls an der Ausstellung teilnimmt. Ihr Atelier liegt in einer ruhigen Straße, in der Nähe der Mezquita-Kathedrale von Córdoba. Als sie ankommen, malt Carmen gerade an einer großen Leinwand.

„Hallo, Miguel, Isabel. Was führt euch her?" fragt Carmen mit einem Lächeln.

„Hallo, Carmen. Wir müssen mit dir über den Diebstahl des Gemäldes *Der Garten der Alhambra* sprechen", antwortet Miguel.

Carmen hört auf zu malen und legt den Pinsel auf den Tisch. Ihr Gesichtsausdruck verändert sich leicht.

„Der Diebstahl? Was für eine Katastrophe. Ich habe es heute Morgen erfahren. Es ist furchtbar für die Ausstellung", sagt sie, aber ihr Tonfall klingt nicht wirklich überrascht.

Isabel schaut sich im Atelier um. Es ist voller Gemälde, Skizzen und Kunstmaterialien. In einer Ecke bemerkt sie ein Bild, das ihre Aufmerksamkeit erregt.

„Dieses Gemälde… ist das eine Kopie von *Der Garten der Alhambra*?", fragt Isabel und zeigt auf das Bild.

„Ja, das ist es. Ich habe es gemalt, um zu üben. Es ist ein Werk, das mich immer fasziniert hat", antwortet Carmen und wirkt dabei etwas unbehaglich.

Miguel und Isabel tauschen einen Blick aus. Das ist bereits die zweite Kopie des Gemäldes, die sie in kurzer Zeit finden.

„Carmen, du warst gestern Abend bei der Eröffnung", sagt Isabel.

„Ja, natürlich. Ich bin fast bis zum Schluss geblieben. Ich bin gegangen, als sie begonnen haben, die Türen zu schließen. Warum?"

„Wir versuchen zu verstehen, wer das Kulturzentrum betreten und das Gemälde gestohlen haben könnte", sagt Miguel.

„Naja, ich weiß nicht, wer so etwas tun könnte, aber Córdoba ist voller Touristen, und manche sind nicht sehr vertrauenswürdig", antwortet Carmen und vermeidet Isabels Blick.

Als sie das Atelier verlassen, ist Isabel nachdenklich.

„Was denkst du?" fragt Miguel.

„Es ist seltsam, dass Carmen eine Kopie des Gemäldes hat. Sie scheint die Wahrheit zu sagen, aber etwas an ihrem Verhalten überzeugt mich nicht ganz", antwortet Isabel.

Auf dem Weg zurück ins Kulturzentrum rufen sie Rosa an, um sich mit der Inspektorin zu treffen. Als sie im Zentrum ankommen, ist Rosa schon dort und prüft einige Spuren und Beweismittel.

Sie erzählen, dass sie bei Don Ramón einen Besuch gemacht haben. Rosa nickt und sagt, dass sie ihn auch überprüft hat und dass er keine Verbindung zum Diebstahl hat. „Obwohl er eine große Galerie besitzt, bekommt er nie die ganz berühmten Meisterwerke, weshalb er gerne Reproduktionen solcher Werke hat", sagt sie.

Dann sagen sie, dass sie bei Carmen waren und die Künstlerin sich seltsam benommen hat.

Rosa sagt, dass sie die Nachforschungen über Carmen schon angefangen hat.

„Und habt ihr noch etwas gefunden?", fragt Miguel und sagt etwas über die Überwachungskameras in der Nähe des Kulturzentrums.

„Es gibt etwas Seltsames. Es sieht so aus, als hätte jemand die Kameras der Hauptstraße in der Nacht des Diebstahls deaktiviert", antwortet Rosa.

Und schließlich geben Miguel und Isabel Rosa das Stoffstück, das Isabel auf dem Boden des Kulturzentrums gefunden hatte. Miguel fragt: „Könnte das ein Hinweis sein? Es lag in der Nähe des Fensters, wo der Einbruch stattgefunden hat."

Die drei Personen tauschen besorgte Blicke aus. Wer auch immer das Gemälde gestohlen hat, wusste genau, was er oder sie tat.

## Vokabelliste

| | |
|---|---|
| lienzo | Leinwand |
| pincel | Pinsel |
| desastre | Katastrophe |
| calle tranquila | ruhige Straße |
| desconectar | abschalten, deaktivieren |
| cámaras de seguridad | Überwachungskameras |
| evitar | vermeiden |
| confianza | Vertrauen |
| comportamiento | Verhalten |
| informe | Bericht |
| preocupante | besorgniserregend |
| sospechar | verdächtigen, vermuten |

## Capítulo 5: Una pista inesperada

Al día siguiente, Miguel y Isabel se encuentran con la inspectora Rosa en la comisaría para revisar más detalles sobre el robo. Rosa les explica que están revisando las cámaras de otras calles cercanas, ya que las de la calle principal fueron desactivadas.

„Estamos buscando movimientos sospechosos cerca del centro cultural. Tal vez encontremos algo útil", dice Rosa. Miguel y Isabel asienten. Aunque están frustrados por la falta de avances, saben que tienen que ser pacientes.

Por la tarde, deciden hablar con Javier, el turista que asistió a la inauguración y llamó la atención de Miguel. Preguntan en la recepción de su hotel, pero descubren que Javier dejó Córdoba esa misma mañana. „Eso es un poco extraño, ¿no crees?", dice Isabel.

„Sí, sobre todo porque parecía tan interesado en el cuadro. Deberíamos investigar más sobre él", responde Miguel.

Dejan su número de teléfono en la recepción por si surge algún dato adicional sobre Javier. Poco después, la recepcionista llama para informarles que Javier ha regresado al hotel; solo había salido a hacer un paseo.

Isabel pregunta: „¿Crees que Javier podría haber visto algo la noche del robo?"

Miguel responde: „Es posible. Tenemos que hablar con él."

Vuelven al hotel y se encuentran con Javier. Él está dispuesto a ayudarlos y lamenta que lo hayan sospechado. „Recuerdo haber visto a un hombre cerca de la ventana, justo antes de que cerraran. Parecía estar esperando algo", dice Javier.

Isabel pregunta cómo era ese hombre. Javier lo describe: alto, rubio y con aspecto de extranjero, quizá como un estadounidense.

Miguel llama a Rosa y le informa sobre esta pista. „Rosa, tenemos un testigo que vio a un hombre sospechoso cerca de la ventana la noche del robo. Es alto, rubio y parece ser americano." Ella agradece por la pista y promete seguir investigando.

Cuando regresan al centro cultural, Miguel encuentra un sobre pequeño en la recepción. En la portada está escrito: „Para Miguel". Lo abre con cuidado y encuentra una nota con letras recortadas de revistas que dice: „Dejen de buscar. Eso es peligroso para vosotros."

Miguel y Isabel se miran sorprendidos. „Esto significa que estamos cerca de algo. Alguien no quiere que sigamos investigando", dice Isabel, apretando los labios con determinación.

Más tarde, mientras caminan por el barrio, Isabel recuerda algo. „Miguel, ¿recuerdas que Carmen mencionó a los turistas? Tal vez estaba intentando desviar nuestra atención."
„¿Crees que Carmen sabe más de lo que dice?", pregunta Miguel.

„No estoy segura, pero tenemos dos pistas que no podemos ignorar: la copia del cuadro que tiene en su estudio y su comentario sobre los turistas. Tal vez tenemos que hablar con ella otra vez, pero con más preguntas directas", responde Isabel.

Esa noche, Miguel no puede dormir. Su mente está llena de preguntas: ¿Quién envió la nota? ¿Por qué alguien quería silenciarlos? Y lo más importante: ¿Qué secretos esconde *El jardín de la Alhambra*?

## Kapitel 5: Eine unerwartete Spur

Am nächsten Tag treffen sich Miguel und Isabel mit der Inspektorin Rosa auf der Polizeiwache, um weitere Details über den Diebstahl zu besprechen. Rosa erklärt, dass sie die Überwachungskameras in anderen Straßen der Nähe überprüfen, da die Kameras der Hauptstraße deaktiviert wurden.

„Wir suchen nach verdächtigen Bewegungen in der Nähe des Kulturzentrums. Vielleicht finden wir etwas Nützliches", sagt Rosa.

Miguel und Isabel nicken. Obwohl sie frustriert über den Mangel an Fortschritten sind, wissen sie, dass sie geduldig sein müssen.

Am Nachmittag entscheiden sie sich, mit Javier zu sprechen, dem Touristen, der an der Eröffnung teilgenommen hatte und Miguel aufgefallen war. Sie fragen an der Rezeption seines Hotels nach, erfahren aber, dass Javier Córdoba an diesem Morgen verlassen hat. „Das ist ein bisschen seltsam, findest du nicht?" sagt Isabel.
„Ja, vor allem weil er so interessiert an dem Gemälde schien. Wir sollten mehr über ihn herausfinden", antwortet Miguel.

Sie hinterlassen ihre Telefonnummer an der Rezeption, falls neue Informationen über Javier auftauchen. Kurz darauf ruft die Rezeptionistin an, um sie darüber zu informieren, dass Javier ins Hotel zurückgekehrt ist; er war nur zu einem Ausflug unterwegs.

Isabel fragt: „Glaubst du, Javier könnte in der Nacht des Diebstahls etwas gesehen haben?"

Miguel antwortet: „Das ist möglich. Wir müssen mit ihm sprechen."

Sie kehren ins Hotel zurück und treffen dort Javier. Er ist bereit, ihnen zu helfen, und bedauert, dass sie ihn verdächtigt haben. „Ich erinnere mich, dass ich einen Mann in der Nähe des Fensters gesehen habe, kurz bevor sie schlossen. Es schien, als würde er auf etwas warten", sagt Javier.

Isabel fragt, wie dieser Mann aussah. Javier beschreibt ihn: groß, blond und mit dem Aussehen eines Ausländers, vielleicht eines Amerikaners.

Miguel ruft Rosa an und informiert sie über diese Spur. „Rosa, wir haben einen Zeugen, der in der Nacht des Diebstahls einen verdächtigen Mann in der Nähe des Fensters gesehen hat. Er ist groß, blond und scheint Amerikaner zu sein."

Sie bedankt sich für den Hinweis und verspricht, weiter nachzuforschen.

Als sie ins Kulturzentrum zurückkehren, findet Miguel einen kleinen Umschlag an der Rezeption. Auf der Vorderseite steht: „Für Miguel". Er öffnet ihn vorsichtig und findet eine Notiz mit aus Zeitschriften ausgeschnittenen Buchstaben. Darin steht: „Hört auf zu suchen. Das wird gefährlich für euch."

Miguel und Isabel schauen sich überrascht an.

„Das bedeutet, dass wir etwas auf der Spur sind. Jemand will nicht, dass wir weitermachen", sagt Isabel entschlossen.

Später, als sie durch das Viertel spazieren, erinnert sich Isabel an etwas. „Miguel, erinnerst du dich, dass Carmen die Touristen erwähnt hat? Vielleicht wollte sie damit unsere Aufmerksamkeit ablenken."

„Glaubst du, Carmen weiß mehr, als sie sagt?" fragt Miguel.

„Ich bin mir nicht sicher, aber wir haben zwei Spuren, die wir nicht ignorieren können: die Kopie des Gemäldes in ihrem Atelier und ihren Kommentar über die Touristen. Vielleicht sollten wir noch einmal mit ihr sprechen, aber mit direkteren Fragen", antwortet Isabel.

An diesem Abend kann Miguel nicht schlafen. Sein Kopf ist voller Fragen: Wer hat die Notiz geschickt? Warum wollte jemand sie zum Schweigen bringen? Und das Wichtigste: Welche Geheimnisse verbirgt *Der Garten der Alhambra?*

# Vokabelliste

| | |
|---|---|
| comisaría | Polizeiwache |
| sospechoso/a | verdächtig |
| movimientos | Bewegungen |
| recepción | Rezeption |
| sobre | Umschlag |
| nota | Notiz |
| recortar | ausschneiden |
| investigar | untersuchen, ermitteln |
| concierne | betrifft |
| desviar | ablenken |
| determinado/a | entschlossen |
| pregunta directa | direkte Frage |
| pista | Spur |
| secretos | Geheimnisse |

# Capítulo 6: Una confrontación con Carmen

A la mañana siguiente, Miguel y Isabel deciden visitar nuevamente a Carmen. Esta vez, están decididos a hacer preguntas más directas. Caminan por las calles estrechas del barrio hasta llegar al estudio de Carmen. Miguel golpea la puerta, y después de unos segundos, Carmen abre con una expresión de sorpresa. „¡Hola otra vez! ¿Qué necesitan ahora?", pregunta Carmen, intentando sonreír. „Necesitamos hablar contigo, Carmen. Esta vez es importante", dice Isabel con firmeza.

Carmen los invita a entrar, aunque parece un poco incómoda. El estudio está igual que antes: lleno de pinturas, pinceles y materiales de arte. Miguel mira alrededor y de nuevo observa la copia de *El jardín de la Alhambra*.

„Carmen, ¿por qué decidiste copiar este cuadro en particular?", pregunta Miguel. „Ya les dije, es una obra que siempre me ha fascinado. Además, practicar con cuadros famosos es algo común entre los artistas", responde Carmen, cruzando los brazos.

Isabel se adelanta. „Sabemos que estuviste en la inauguración hasta muy tarde. También sabemos que mencionaste a los turistas. ¿Por qué crees que ellos podrían ser responsables?", pregunta. „¿Qué están insinuando? ¿Que yo tengo algo que ver con el robo?", dice Carmen, con un tono de molestia.

Isabel mantiene la calma. „No te estamos acusando, Carmen. Pero hemos visto que te pones muy nerviosa cuando hablamos del robo. Y pensamos que estás ocultando algo.."

Carmen suspira y se sienta en una silla. Parece nerviosa, pero también cansada. „Está bien. Les diré lo que sé", dice finalmente. „Hace unas semanas, un hombre vino a mi estudio. Era extranjero, creo que estadounidense. Me pidió que pintara una otra copia tan exacta de *El jardín de la Alhambra*. Dijo que pagaría mucho dinero, pero rechacé la oferta. Pensé que algo no estaba bien."

Miguel y Isabel se miran sorprendidos. „¿Recuerdas su nombre o algo sobre él?", pregunta Miguel. „Solo dijo que se llamaba Ethan Carter. Parecía muy interesado en el cuadro, pero no quise hacer preguntas", responde Carmen.

Isabel toma nota del nombre y de la información. „Gracias, Carmen. Esto puede ser importante", dice Isabel, mientras se levantan para irse.

Cuando salen del estudio, Miguel está pensativo. „¿Crees que este Ethan Carter podría estar detrás del robo?", pregunta. „Es posible. Si quería una copia exacta, tal vez también tenía acceso a alguien que pudiera robar el original. Necesitamos encontrarlo", responde Isabel.

Esa noche, deciden buscar más información sobre Ethan Carter y sobre cualquier conexión que pueda tener con el cuadro. Saben que el misterio apenas comienza a aclararse.

## Kapitel 6: Eine Konfrontation mit Carmen

Am nächsten Morgen beschließen Miguel und Isabel, Carmen erneut zu besuchen. Diesmal sind sie entschlossen, direktere Fragen zu stellen. Sie gehen durch die engen Straßen des Viertels, bis sie Carmens Atelier erreichen. Miguel klopft an die Tür, und nach ein paar Sekunden öffnet Carmen mit einem überraschten Gesichtsausdruck.

„Hallo, schon wieder ihr! Was braucht ihr diesmal?", fragt Carmen und versucht zu lächeln.

„Wir müssen mit dir sprechen, Carmen. Diesmal ist es wichtig", sagt Isabel mit Nachdruck.

Carmen lädt sie ein, hereinzukommen, wirkt aber etwas unbehaglich. Das Atelier sieht aus wie beim letzten Mal: voller Gemälde, Pinsel und Kunstmaterialien. Miguel schaut sich um und betrachtet erneut die Kopie von *Der Garten der Alhambra*.

„Carmen, warum hast du ausgerechnet dieses Gemälde kopiert?" fragt Miguel.

„Ich habe euch doch schon gesagt, dass mich dieses Werk immer fasziniert hat. Außerdem ist es unter Künstlern üblich, berühmte Gemälde zu üben", antwortet Carmen, während sie die Arme verschränkt.

Isabel tritt einen Schritt vor. „Wir wissen, dass du bis sehr spät bei der Eröffnung warst. Und wir wissen, dass du die

Touristen erwähnt hast. Warum glaubst du, dass sie verantwortlich sein könnten?" fragt sie.

„Was unterstellt ihr mir? Dass ich etwas mit dem Diebstahl zu tun habe?" fragt Carmen mit einem verärgerten Ton.

Isabel bleibt ruhig.

„Wir beschuldigen dich nicht, Carmen. Aber wir haben gesehen, dass du sehr nervös bist, wenn wir über den Raub sprechen. Und wir denken, dass du etwas verbirgst."

Carmen seufzt und setzt sich auf einen Stuhl. Sie wirkt nervös, aber auch erschöpft.

„Okay. Ich sage euch, was ich weiß", sagt sie schließlich. „Vor ein paar Wochen kam ein Mann in mein Atelier. Er war Ausländer, ich glaube, er war Amerikaner. Er bat mich, noch eine so exakte Kopie von *Der Garten der Alhambra* zu malen. Er sagte, er würde gut dafür zahlen, aber ich lehnte ab. Ich hatte das Gefühl, dass etwas nicht stimmte."

Miguel und Isabel schauen sich überrascht an.

„Erinnerst du dich an seinen Namen oder etwas über ihn?" fragt Miguel.

„Er sagte nur, er heiße Ethan Carter. Er wirkte sehr interessiert an dem Gemälde, aber ich wollte keine Fragen stellen", antwortet Carmen.

Isabel notiert den Namen und die Informationen.

„Danke, Carmen. Das könnte wichtig sein", sagt Isabel, während sie aufstehen, um zu gehen.

Als sie das Atelier verlassen, ist Miguel nachdenklich.

„Glaubst du, dieser Ethan Carter könnte hinter dem Diebstahl stecken?" fragt er.

„Es ist möglich. Wenn er eine exakte Kopie wollte, hatte er vielleicht auch Zugang zu jemandem, der das Original stehlen konnte. Wir müssen ihn finden", antwortet Isabel.

An diesem Abend beschließen sie, mehr Informationen über Ethan Carter zu suchen und herauszufinden, ob er Verbindungen zu dem Gemälde hat. Sie wissen, dass das Geheimnis langsam klarer wird, aber noch viel zu entdecken bleibt.

# Vokabelliste

| | |
|---|---|
| estudio | Atelier |
| golpea la puerta | an die Tür klopfen |
| cruzar los brazos | die Arme verschränken |
| incómodo/a | unbehaglich, unangenehm |
| insinuar | unterstellen |
| nota anónima | anonyme Notiz |
| cansado/a | erschöpft, müde |
| extranjero/a | Ausländer/in |
| rechazar | ablehnen |
| exácto/a | exakt |
| investigar | untersuchen, ermitteln |
| sospecha | Verdacht |
| aclararse | sich klären |

## Capítulo 7: Buscando a Ethan Carter

Al día siguiente, Miguel y Isabel deciden investigar más sobre Ethan Carter. Van al hotel donde se hospedaba Javier, el turista que parecía sospechoso. En la recepción, preguntan si alguien recuerda a un hombre llamado Ethan Carter. La recepcionista, una mujer mayor con gafas, parece pensarlo por un momento. „Sí, recuerdo a un hombre extranjero que se registró aquí hace unas semanas. Creo que se llamaba Ethan Carter. Era alto, rubio y hablaba español con un acento extranjero, creo que era estadounidense", responde.

„¿Todavía está aquí?", pregunta Miguel con interés.

„No, dejó el hotel hace unos días, pero dejó un número de contacto en caso de que llegara algún paquete para él", responde la recepcionista, buscando en un cuaderno.

Isabel anota rápidamente el número y agradecen a la recepcionista. Afuera, ambos se miran con emoción. „Tenemos una pista real. Tal vez podamos localizarlo con este número", dice Isabel.

„Sí, pero debemos tener cuidado. No sabemos quién es este hombre ni qué tan involucrado está en el robo", responde Miguel.

Deciden ir a la comisaría para compartir la información con Rosa.

La inspectora agradece por esta importante pista. Promete seguir investigando esta línea.

Entonces Miguel recuerda el trozo de tela y le pregunta a Rosa: „¿Y qué pasó con el trozo de tela que te hemos dado? ¿Has encontrado algo?"

Rosa responde: „No, resultó ser de un limpiador que trabajó en el centro cultural hace unos días. Estábamos muy intrigados, pero lamentablemente resultó ser una pista falsa. No tiene nada que ver con el robo."

Miguel y Isabel deciden volver al centro cultural para revisar las áreas cercanas.

Mientras caminan, Isabel señala una tienda de antigüedades. „Miguel, tal vez deberíamos entrar. Las tiendas como esta a veces saben mucho sobre lo que pasa en el mundo del arte."

„Buena idea. Vamos", responde Miguel.

En la tienda, encuentran a un hombre mayor que está colocando algunas piezas de cerámica en una estantería. „Buenas tardes. ¿En qué puedo ayudarles?", pregunta el hombre.
Isabel sonríe. „Estamos buscando información sobre un cuadro muy famoso: *El jardín de la Alhambra*. Tal vez haya escuchado algo sobre él."

El hombre frunce el ceño. „Ese cuadro es muy valioso. Pero sí, escuché un rumor. Alguien estaba buscando compradores en Madrid para una pieza de arte robada."

Miguel e Isabel intercambian miradas. Madrid es el próximo destino de sus investigaciones. Antes de irse, Isabel agradece al hombre por la información.

Luego llaman a Rosa, quien tiene novedades: „El número que me disteis está conectado a un teléfono en Madrid. Y hay un resultado de la revisión de las cámaras de seguridad. En una de ellas aparece un hombre rubio cerca de la ventana del centro cultural. Coincide con la descripción de Javier. Hoy mismo salgo hacia Madrid", dice Rosa.

Miguel e Isabel saben que tienen que actuar rápido. „Mañana temprano tomaremos el tren de alta velocidad hacia Madrid. ¿Quieres acompañarnos?", pregunta Miguel.

„No, iré con mi propio coche", responde Rosa. „En Madrid puedo quedarme con un buen amigo, un comisario, que me ayudará a planificar la operación."

„Perfecto. Nos veremos allí", dice Miguel.

„Si encontráis algo, avisadme", añade Rosa.

## Kapitel 7: Auf der Suche nach Ethan Carter

Am nächsten Tag beschließen Miguel und Isabel, mehr über Ethan Carter herauszufinden. Sie gehen zu dem Hotel, in dem Javier, der verdächtige Tourist, übernachtet hatte. An der Rezeption fragen sie, ob sich jemand an einen Mann namens Ethan Carter erinnert. Die Empfangsdame, eine ältere Frau mit Brille, denkt einen Moment nach.

„Ja, ich erinnere mich an einen ausländischen Mann, der sich vor ein paar Wochen hier eingetragen hat. Ich glaube, er hieß Ethan Carter. Er war groß, blond und sprach Spanisch mit Akzent", antwortet sie.

„Ist er noch hier?" fragt Miguel interessiert.

„Nein, er hat das Hotel vor ein paar Tagen verlassen, aber er hat eine Telefonnummer hinterlassen, falls ein Paket für ihn ankommt", sagt die Rezeptionistin und schaut in ein Notizbuch.

Isabel notiert schnell die Nummer, und sie bedanken sich bei der Empfangsdame. Draußen schauen sich Miguel und Isabel aufgeregt an.

„Wir haben eine echte Spur. Vielleicht können wir ihn mit dieser Nummer finden", sagt Isabel.

„Ja, aber wir müssen vorsichtig sein. Wir wissen nicht, wer dieser Mann ist oder wie sehr er in den Diebstahl verwickelt ist", antwortet Miguel.

Sie beschließen, zur Polizeiwache zu gehen, um die Information mit Rosa zu teilen. Die Inspektorin bedankt sich für diesen wichtigen Hinweis und verspricht, diese Spur weiter zu verfolgen.

Da erinnert sich Miguel an das Stoffstück, das Isabel gefunden hatte, und fragt Rosa: „Und was ist eigentlich mit dem Stoffstück, das wir dir gegeben haben? Hat es etwas ergeben?"

Rosa antwortet: „Nein, es stellte sich heraus, dass es von einem Reinigungspersonal stammt, das vor ein paar Tagen im Kulturzentrum gearbeitet hat. Wir waren sehr gespannt, aber es hat sich leider als falsche Spur herausgestellt. Es hat nichts mit dem Diebstahl zu tun."

Miguel und Isabel kehren zum Kulturzentrum zurück, um die Umgebung erneut zu untersuchen.

Während sie spazieren, zeigt Isabel auf ein Antiquitätengeschäft. „Miguel, vielleicht sollten wir hineingehen. In solchen Geschäften weiß man oft viel darüber, was in der Kunstwelt passiert."

„Gute Idee. Lass uns gehen", antwortet Miguel.

Im Laden treffen sie auf einen älteren Mann, der gerade einige Keramikstücke in ein Regal stellt.

„Guten Tag. Wie kann ich Ihnen helfen?" fragt der Mann.

Isabel lächelt. „Wir suchen nach Informationen über ein sehr berühmtes Gemälde: *Der Garten der Alhambra*. Haben Sie vielleicht etwas darüber gehört?"

Der Mann runzelt die Stirn. „Dieses Gemälde ist sehr wertvoll. Aber ja, ich habe ein Gerücht gehört. Jemand sucht in Madrid nach Käufern für ein gestohlenes Kunstwerk."

Miguel und Isabel tauschen Blicke aus. Madrid ist das nächste Ziel ihrer Nachforschungen. Bevor sie gehen, bedankt sich Isabel bei dem Mann für die Information. Dann telefonieren sie mit Rosa. Sie hat Neuigkeiten: „Die Nummer, die ihr mir gegeben habt, ist mit einem Telefon in Madrid verbunden. Und es gibt ein Resultat von der Überprüfung der Überwachungskameras. Auf einer davon ist ein blonder Mann in der Nähe des Fensters des Kulturzentrums. Er passt zu Javiers Beschreibung. Ich fahre heute sofort nach Madrid", sagt Rosa.

Miguel und Isabel wissen, dass sie schnell handeln müssen: „Wir werden morgen gleich in der Früh mit dem Hochgeschwindigkeitszug nach Madrid fahren. Willst du uns begleiten?"

„Nein, ich fahre mit meinem eigenen Auto", sagt Rosa, „in Madrid kann ich bei einem guten Freund wohnen, einem Kommissar, der mir helfen wird, die Aktion zu planen."

„Das klingt gut. Wir sehen uns dann dort", sagt Miguel.

„Falls ihr etwas findet, gebt mir Bescheid", sagt Rosa.

## Vokabelliste

| | |
|---|---|
| recepcionista | Empfangsdame |
| hospedarse | übernachten, sich einquartieren |
| número de contacto | Kontaktnummer |
| pista real | echte Spur |
| rastrear | verfolgen, nachspüren |
| antigüedades | Antiquitäten |
| escaparate | Schaufenster |
| estantería | Regal |
| fruncir el ceño | die Stirn runzeln |
| comprador | Käufer |
| rumor | Gerücht |
| paquete | Paket |
| actuar rápido | schnell handeln |
| comisario | Kommissar |
| planificar la operación | die Operation planen |
| quedarse | bleiben |
| contacto | Kontakt |
| estar en segundo plano | im Hintergrund bleiben |
| mantenerse alerta | wachsam bleiben |
| señal | Hinweis, Spur |
| prepararse para el viaje | sich auf die Reise vorbereiten |

## Capítulo 8: El viaje a Madrid

Al día siguiente, Miguel y Isabel toman un tren temprano hacia Madrid. Ambos están llenos de determinación. Llevan consigo toda la información recopilada hasta ahora: la nota anónima, el nombre Ethan Carter y el rumor sobre la venta del cuadro en la capital.

„¿Estás seguro de que es buena idea ir a Madrid?", pregunta Isabel mientras el tren avanza.

„No podemos quedarnos en Córdoba esperando respuestas. Madrid es nuestra mejor oportunidad", responde Miguel.

Reservan a través de internet una pensión sencilla para pasar la noche. Cuando llegan a Madrid, el bullicio de la ciudad los abruma. Deciden comenzar su búsqueda en las zonas donde suelen encontrarse galerías de arte y tiendas de antigüedades. Caminan por el barrio de Las Letras, un lugar lleno de historia y cultura, y pronto encuentran una pequeña galería que parece prometedora.

Dentro de la galería, un hombre de mediana edad está colgando un cuadro. „Buenos días. ¿En qué puedo ayudarles?", pregunta el hombre.

„Estamos buscando información sobre un cuadro muy famoso: *El jardín de la Alhambra*. Tal vez haya oído algo sobre él", dice Isabel con cuidado.

El hombre los mira con curiosidad. „Ese cuadro … ¿no es el que desapareció en Córdoba?", pregunta.

„Exactamente. Creemos que alguien podría estar intentando venderlo aquí en Madrid", responde Miguel.

„Bueno, no sé nada sobre eso, pero he oído que un grupo de coleccionistas privados está organizando una subasta secreta. Tal vez puedan encontrar algo allí", dice el hombre, bajando la voz.

Miguel y Isabel intercambian miradas.

„¿Dónde es esa subasta?", pregunta Miguel.

„No sé nada sobre este cuadro en particular, pero se habla de un almacén en las afueras de la ciudad. Ten cuidado, no es un barrio seguro", advierte el hombre.

Esa noche, deciden investigar más sobre la subasta. Con ayuda de internet y algunas llamadas, encuentran información que confirma la existencia del evento. La subasta está programada para la noche siguiente en un almacén abandonado.

„Si ese cuadro está allí, no tenemos otra opción. Pero debemos ser muy cuidadosos", responde Miguel.

Ambos pasan la noche preparando un plan. Deciden que Isabel entrará al almacén haciéndose pasar por una interesada en la subasta, mientras Miguel esperará afuera, listo para llamar a la policía si algo sale mal. „No me gusta dejarte sola allí dentro, pero no podemos arriesgarnos a que nos descubran los dos", dice Miguel.

„No te preocupes. Si algo pasa, te avisaré de inmediato", responde Isabel con una sonrisa nerviosa.

## Kapitel 8: Die Reise nach Madrid

Am nächsten Tag nehmen Miguel und Isabel früh morgens den Zug nach Madrid. Sie sind voller Entschlossenheit. Sie haben alle Informationen dabei, die sie bisher gesammelt haben: die anonyme Notiz, den Namen Ethan Carter und das Gerücht über den Verkauf des Gemäldes in der Hauptstadt.

„Bist du sicher, dass es eine gute Idee ist, nach Madrid zu fahren?" fragt Isabel, während der Zug durch die Landschaft fährt.

„Wir können nicht in Córdoba bleiben und auf Antworten warten. Madrid ist unsere beste Chance", antwortet Miguel.

Sie buchen über das Internet eine kleine Pension zum Übernachten. Als sie in Madrid ankommen, überwältigt sie der Trubel der Stadt. Sie beschließen, ihre Suche in Gegenden zu beginnen, in denen sich normalerweise Galerien und Antiquitätengeschäfte befinden. Sie gehen durch das Viertel Las Letras, einen Ort voller Geschichte und Kultur, und finden bald eine kleine Galerie, die vielversprechend aussieht.

In der Galerie hängt ein Mann mittleren Alters gerade ein Gemälde auf.

„Guten Tag. Wie kann ich Ihnen helfen?" fragt der Mann.

„Wir suchen Informationen über ein sehr berühmtes Gemälde: *Der Garten der Alhambra*. Haben Sie vielleicht davon gehört?" fragt Isabel vorsichtig.

Der Mann sieht sie neugierig an. „Dieses Gemälde ... ist das nicht das, das in Córdoba verschwunden ist?" fragt er.

„Genau. Wir glauben, dass jemand versucht, es hier in Madrid zu verkaufen", antwortet Miguel.

„Nun, ich weiß nichts über dieses spezielle Gemälde, aber ich habe gehört, dass eine Gruppe privater Sammler eine geheime Auktion organisiert. Vielleicht finden Sie dort etwas", sagt der Mann und senkt die Stimme.

Miguel und Isabel tauschen Blicke aus.

„Wo findet diese Auktion statt?" fragt Miguel.

„Ich weiß es nicht genau, aber man spricht von einem Lagerhaus am Stadtrand. Seien Sie vorsichtig, es ist keine sichere Gegend", warnt der Mann.

An diesem Abend recherchieren Miguel und Isabel mehr über die Auktion. Mit Hilfe des Internets und einiger Anrufe finden sie Informationen, die die Existenz des Events bestätigen. Die Auktion ist für den nächsten Abend in einem verlassenen Lagerhaus geplant.

„Sollten wir hingehen? Es könnte gefährlich sein", sagt Isabel zögernd.

„Wenn dieses Gemälde dort ist, haben wir keine andere Wahl. Aber wir müssen sehr vorsichtig sein", antwortet Miguel.

Beide verbringen die Nacht damit, einen Plan auszuarbeiten. Sie entscheiden, dass Isabel das Lagerhaus betreten und sich als Interessentin für die Auktion ausgeben wird, während Miguel draußen wartet, bereit, die Polizei zu rufen, falls etwas schiefgeht.

„Ich mag es nicht, dich dort allein hineinzulassen, aber wir können es uns nicht leisten, dass wir beide entdeckt werden", sagt Miguel.

## Vokabelliste

| | |
|---|---|
| tren | Zug |
| pista | Hinweis, Spur |
| bullicio | Trubel, Lärm |
| galería | Galerie |
| subasta secreta | geheime Auktion |
| almacén | Lagerhaus |
| afueras | Stadtrand |
| peligroso/a | gefährlich |
| planificar | planen |
| hacerse pasar por | sich ausgeben als |
| advertir | warnen |
| decisivo/a | entscheidend |
| investigar | recherchieren, untersuchen |
| resolver | lösen |

## Capítulo 9: La subasta secreta

La noche siguiente llega y Miguel y Isabel se preparan para la misión. Isabel viste ropa formal, como si fuera una compradora adinerada, mientras Miguel lleva su teléfono listo para avisar a la policía si algo sale mal. Ambos están nerviosos, pero determinados.

Antes de dirigirse al almacén, Miguel llama a Rosa para ponerla al tanto. „Rosa, ya sabemos dónde está la subasta. Es en un almacén en las afueras de la ciudad. Creemos que *El jardín de la Alhambra* está allí", dice Miguel.

„Perfecto. Nos mantendremos cerca del lugar en un coche con mis compañeros de la policía," responde Rosa, „cuando me llames, entraremos sin demora. Asegúrate de que Isabel esté a salvo."

„Gracias, Rosa. Estaremos atentos", dice Miguel antes de colgar.

Llegan al almacén abandonado en las afueras de Madrid. Es un edificio oscuro y silencioso, con solo unas pocas luces brillando en su interior. En la entrada, un hombre alto con traje negro revisa una lista. Isabel se acerca con confianza.

„Buenas noches. Estoy aquí para la subasta", dice, mostrándole una invitación falsa que imprimieron con la información que encontraron. El hombre la mira por un momento y asiente. „Adelante. Pase por esa puerta", dice, señalando una entrada lateral.

Isabel entra mientras Miguel se queda fuera, oculto detrás de unos arbustos, observando todo.

Por dentro, el almacén está lleno de gente bien vestida. Hay varias obras de arte expuestas en pedestales, y al fondo, un escenario pequeño donde parece que pronto va a comenzar la subasta.

Isabel se mezcla entre los asistentes, escuchando fragmentos de conversaciones.

„Dicen que tienen una pieza muy especial esta noche", comenta un hombre.

„Sí, algo de Andalucía. No sé exactamente qué", responde otro.

Isabel siente que su corazón se acelera. Sigue caminando hasta que ve algo que la deja sin aliento: *El jardín de la Alhambra* está en un pedestal. Un hombre, probablemente el organizador, anuncia con un micrófono: „Damas y caballeros, les presentamos la joya de nuestra colección esta noche. Una obra única."

Isabel finge interés, pero por dentro está furiosa. Saca discretamente su teléfono y envía un mensaje rápido a Miguel: „El cuadro está aquí. Llama a la policía."

Afuera, Miguel recibe el mensaje y marca inmediatamente el número de Rosa. „Rosa, el cuadro está realmente aquí. Necesitamos que vengas con refuerzos", dice Miguel,.

Mientras tanto, dentro del almacén, la subasta comienza. Isabel observa cómo los asistentes levantan sus manos para ofrecer cantidades exorbitantes de dinero. Cuando el precio sube aún más, el organizador parece satisfecho. „¿Alguien más? Última oportunidad", dice con una sonrisa.

De repente, se escuchan sirenas fuera del almacén. Las luces azules iluminan las ventanas, y los asistentes comienzan a entrar en pánico. Algunos intentan escapar, pero la policía rodea el lugar rápidamente.

Isabel se mantiene cerca del cuadro, asegurándose de que nadie lo toque. Rosa y otros agentes irrumpen en el almacén y comienzan a detener a los presentes. „¡Bajen las manos! ¡Esto es un operativo policial!", grita uno de los agentes.

Rosa se acerca a Isabel. „¿Estás bien?", pregunta. „Sí. El cuadro está aquí. Nadie lo movió", responde Isabel.

Mientras tanto, Miguel entra al almacén y corre hacia Isabel. Ambos se abrazan aliviados.

„Lo conseguimos. El cuadro está a salvo", dice Miguel.

„Sí, pero todavía tenemos que descubrir quién está detrás de todo esto. Esto no termina aquí", responde Isabel, mirando al organizador, que ahora está esposado.

## Kapitel 9: Die geheime Auktion

Der nächste Abend bricht an, und Miguel und Isabel bereiten sich auf ihre Mission vor. Isabel trägt elegante Kleidung, um wie eine wohlhabende Käuferin auszusehen, während Miguel sein Handy bereit hält, um die Polizei zu alarmieren, falls etwas schiefgeht. Beide sind nervös, aber entschlossen.

Bevor sie zum Lagerhaus gehen, ruft Miguel Rosa an, um sie auf den neuesten Stand zu bringen. „Rosa, wir wissen jetzt, wo die Auktion stattfindet. Es ist in einem Lagerhaus am Stadtrand. Wir glauben, dass *Der Garten der Alhambra* dort ist", sagt Miguel.

„Perfekt. Wir bleiben mit meinen Kollegen von der Polizei in einem Auto in der Nähe des Ortes," antwortet Rosa. „Wenn du mich anrufst, greifen wir ohne Verzögerung ein. Pass auf Isabel auf."

„Danke, Rosa. Wir bleiben wachsam," sagt Miguel, bevor er auflegt.

Sie kommen zu dem verlassenen Lagerhaus am Stadtrand von Madrid. Es ist ein dunkles und stilles Gebäude, mit nur wenigen Lichtern, die im Inneren leuchten. Am Eingang überprüft ein großer Mann in schwarzem Anzug eine Liste. Isabel tritt selbstbewusst vor.

„Guten Abend. Ich bin hier für die Auktion", sagt sie und zeigt eine gefälschte Einladung, die sie mit den gefundenen Informationen erstellt haben.

Der Mann sieht sie einen Moment lang an und nickt dann. „Gehen Sie durch diese Tür", sagt er und zeigt auf einen Seiteneingang.

Isabel geht hinein, während Miguel draußen hinter ein paar Büschen versteckt bleibt und alles beobachtet. Im Inneren ist das Lagerhaus voller elegant gekleideter Menschen. Auf Podesten sind verschiedene Kunstwerke ausgestellt, und im hinteren Teil des Raumes steht eine kleine Bühne, auf der die Auktion bald beginnen soll.

Isabel mischt sich unter die Anwesenden und lauscht Gesprächsfetzen.

„Sie sagen, dass sie heute Abend ein ganz besonderes Stück haben", sagt ein Mann.

„Ja, etwas aus Andalusien. Ich weiß nicht genau, was es ist", antwortet ein anderer.

Isabels Herz beginnt schneller zu schlagen. Sie geht weiter, bis sie etwas sieht, das sie den Atem anhalten lässt: *Der Garten der Alhambra* steht auf einem Podest. Ein Mann, offenbar der Veranstalter, spricht ins Mikrofon:

„Meine Damen und Herren, wir präsentieren Ihnen heute das Juwel unserer Sammlung. Ein einzigartiges Werk."

Isabel tut so, als wäre sie interessiert, doch innerlich kocht sie vor Wut. Sie nimmt unauffällig ihr Handy und schickt eine schnelle Nachricht an Miguel: „Das Gemälde ist hier. Ruf die Polizei."

Draußen erhält Miguel die Nachricht und wählt sofort Rosas Nummer.

„Rosa, das Gemälde ist tatsächlich hier. Wir brauchen Verstärkung", sagt Miguel.

Währenddessen beginnt drinnen die Auktion. Isabel beobachtet, wie die Teilnehmer ihre Hände heben und astronomische Summen bieten. Als der Preis weiter steigt, scheint der Veranstalter zufrieden zu sein.

„Noch jemand? Letzte Chance", sagt er mit einem Lächeln.

Plötzlich sind draußen Sirenen zu hören. Blaulichter erhellen die Fenster, und unter den Anwesenden bricht Panik aus. Einige versuchen zu fliehen, doch die Polizei umstellt das Gebäude schnell.

Isabel bleibt in der Nähe des Gemäldes, um sicherzustellen, dass niemand es anrührt. Rosa und andere Polizisten stürmen das Lagerhaus und beginnen, die Anwesenden festzunehmen.

„Hände hoch! Das ist ein Polizeieinsatz!", ruft einer der Beamten.

Rosa geht zu Isabel. „Alles in Ordnung?", fragt sie.

„Ja. Das Gemälde ist hier. Niemand hat es bewegt", antwortet Isabel.

In der Zwischenzeit betritt Miguel das Lagerhaus und läuft zu Isabel. Beide umarmen sich erleichtert.

„Wir haben es geschafft. Das Gemälde ist sicher", sagt Miguel.

„Ja, aber wir müssen noch herausfinden, wer hinter all dem steckt. Das ist noch nicht vorbei", antwortet Isabel und blickt auf den Veranstalter, der nun in Handschellen ist.

# Vokabelliste

| | |
|---|---|
| subasta secreta | geheime Auktion |
| almacén abandonado | verlassenes Lagerhaus |
| traje negro | schwarzer Anzug |
| invitación falsa | gefälschte Einladung |
| podio/pedestal | Podest |
| asistentes | Anwesende |
| obra única | einzigartiges Werk |
| precio exorbitante | astronomischer Preis |
| reforzar | verstärken |
| esposar | Handschellen anlegen |
| operativo policial | Polizeieinsatz |
| escapar | fliehen |
| rodear | umstellen |
| confiscado | beschlagnahmt |

## Capítulo 10: El desenlace

Con el almacén asegurado y los asistentes detenidos, Rosa y su equipo comienzan a interrogar a los sospechosos. El organizador de la subasta, aún esposado, mantiene la calma mientras responde a las preguntas de Rosa.

„¿Quién te dio el cuadro?", pregunta Rosa con firmeza.

„No sé de qué cuadro me habla. Yo solo organizo subastas para coleccionistas privados", responde el hombre, sonriendo sarcásticamente.

„Sabemos que *El jardín de la Alhambra* fue robado en Córdoba. Tienes que decirnos quién está detrás de esto", insiste Rosa.

Mientras tanto, Miguel y Isabel se acercan para observar. Rosa les hace un gesto para que se queden en silencio, pero el hombre detenido, al verlos, cambia su expresión.

„Ustedes dos … Ustedes son del centro cultural, ¿verdad?", pregunta, ahora algo nervioso.

„Eso no te importa. Dime, ¿conoces a alguien llamado Ethan Carter?", interviene Isabel, directa.

El hombre se queda callado por un momento, pero su reacción lo delata.

„Así que es Ethan Carter quien está detrás de todo esto", dice Rosa, tomando nota.

Más tarde, en la comisaría, Rosa explica que Ethan Carter es conocido en el mundo del arte como un traficante de obras robadas. Aunque no estaba presente en la subasta, los registros telefónicos del organizador y las pistas previas apuntan directamente a él. „Es un pez grande, pero ahora sabemos cómo atraparlo", dice Rosa.

En los días siguientes, las autoridades siguen investigando y logran localizar a Ethan Carter en New York City. Con ayuda de la policía internacional, Ethan Carter es arrestado, y se descubren más obras robadas en su posesión, lo que confirma su conexión con el robo de *El jardín de la Alhambra*.

El cuadro es trasladado de vuelta a Córdoba bajo estrictas medidas de seguridad en un vehículo de transporte especializado. La noticia del rescate del cuadro se extiende rápidamente, y la exposición recibe aún más visitantes que antes.

En la nueva inauguración, Miguel da un discurso. „Este cuadro no solo es un símbolo de la belleza del arte andaluz, sino también de la fuerza de nuestra comunidad. Gracias a todos los que nos ayudaron a recuperarlo", dice, mientras los asistentes aplauden emocionados.

Cuando termina el evento, Miguel y Isabel se quedan unos minutos en la sala, admirando el cuadro. „Ha sido una aventura, ¿verdad?", dice Isabel, sonriendo.

„Sí. Pero lo importante es que ahora está donde pertenece", responde Miguel.

Ambos se miran con satisfacción, sabiendo que resolvieron el misterio de *El jardín de la Alhambra*.

Después de un tiempo, Miguel e Isabel se reúnen con Javier, Rosa y Carmen en un café en Córdoba para celebrar el cierre del caso. Durante la conversación, Miguel le dice a Javier: „Sin tu observación, no habríamos identificado al ladrón tan rápido."

Javier sonríe, claramente orgulloso de haber podido ayudar. „Me alegra saber que mi pequeña aportación sirvió para algo tan importante," responde.

Rosa añade: „Ha sido un trabajo en equipo."

Isabel sonríe y dice: „Bueno, queda un misterio por resolver. ¿Quién ha escrito la nota de advertencia que Miguel ha recibido?"

Carmen se ríe, algo avergonzada, y confiesa: „Ha sido yo. He escrito la nota."

Todos la miran sorprendidos. „¿Tú? ¿Por qué lo has hecho?", pregunta Miguel.

„He tenido miedo de que algo malo les pasara. He sabido que estabais investigando algo peligroso y he pensado que si os deteníais, estaríais a salvo. Nunca he querido asustaros, solo protegeros", explica Carmen sinceramente.

Rosa levanta su copa y dice: „Entonces, brindemos por la verdad y la justicia. Y por amigos que se cuidan entre ellos." Los cinco levantan sus copas, riendo y celebrando juntos. Están felices de que *El jardín de la Alhambra* haya regresado a su lugar y de que la justicia haya triunfado.

**FIN**

## Kapitel 10: Der Abschluss

Mit dem gesicherten Lagerhaus und den festgenommenen Teilnehmern beginnt Rosa mit ihrem Team, die Verdächtigen zu verhören. Der Veranstalter der Auktion, immer noch in Handschellen, bleibt ruhig, während er Rosas Fragen beantwortet.

„Wer hat dir das Gemälde gegeben?" fragt Rosa mit Nachdruck.

„Ich weiß nicht, wovon Sie sprechen. Ich organisiere nur Auktionen für private Sammler", antwortet der Mann mit einem sarkastischen Lächeln.

„Wir wissen, dass *Der Garten der Alhambra* in Córdoba gestohlen wurde. Du musst uns sagen, wer dahintersteckt", insistiert Rosa.

Währenddessen treten Miguel und Isabel näher heran, um zuzusehen. Rosa gibt ihnen ein Zeichen, still zu bleiben, doch der Mann in Handschellen verändert seinen Gesichtsausdruck, als er sie sieht.

„Ihr zwei … Ihr seid aus dem Kulturzentrum, oder?", fragt er, jetzt etwas nervös.

„Das geht dich nichts an. Sag mir, kennst du jemanden namens Ethan Carter?", mischt sich Isabel direkt ein.

Der Mann schweigt für einen Moment, doch seine Reaktion verrät ihn.

„Also steckt Ethan Carter dahinter", sagt Rosa, während sie sich Notizen macht.

Später, auf der Polizeiwache, erklärt Rosa, dass Ethan Carter in der Kunstwelt als Händler gestohlener Werke bekannt ist. Obwohl er nicht bei der Auktion anwesend war, weisen die Telefonaufzeichnungen des Veranstalters und die vorherigen Hinweise eindeutig auf ihn hin.

„Er ist ein großer Fisch, aber jetzt wissen wir, wie wir ihn fangen können", sagt Rosa.

In den folgenden Tagen setzen die Behörden ihre Ermittlungen fort und können Ethan Carter in New York City aufspüren. Mit Hilfe der internationalen Polizei wird Ethan Carter festgenommen, und es werden weitere gestohlene Kunstwerke in seinem Besitz entdeckt, was seine Verbindung zum Diebstahl von *Der Garten der Alhambra* bestätigt.

Das Gemälde wird unter strenger Sicherheit in einem speziell gesicherten Transportfahrzeug nach Córdoba zurückgebracht. Die Nachricht von der Rettung des Gemäldes verbreitet sich schnell, und die Ausstellung zieht noch mehr Besucher an als zuvor.

Bei der erneuten Eröffnung hält Miguel eine Rede: „Dieses Gemälde ist nicht nur ein Symbol für die Schönheit der andalusischen Kunst, sondern auch für die Stärke unserer Gemeinschaft. Danke an alle, die uns geholfen haben, es zurückzubringen", sagt er, während die Besucher begeistert applaudieren.

Nach der Veranstaltung bleiben Miguel und Isabel noch ein paar Minuten in der Ausstellung und bewundern das Gemälde.

„Das war ein echtes Abenteuer, oder?" fragt Isabel lächelnd.

„Ja. Aber das Wichtigste ist, dass es jetzt dort ist, wo es hingehört", antwortet Miguel.

Beide sehen sich zufrieden an, in dem Wissen, dass sie das Rätsel um *Der Garten der Alhambra* gelöst haben.

Nach einiger Zeit treffen sich Miguel und Isabel mit Javier, Rosa und Carmen in einem Café in Córdoba, um den Abschluss des Falles zu feiern. Während des Gesprächs sagt Miguel zu Javier: „Ohne deine Beobachtung hätten wir den Dieb nicht so schnell identifiziert."

Javier lächelt und ist sichtlich stolz, dass er helfen konnte. „Es freut mich zu wissen, dass mein kleiner Beitrag bei etwas so Wichtigem geholfen hat", antwortet er.

Rosa fügt hinzu: „Es war Teamarbeit."

Isabel lächelt und sagt: „Nun, es gibt noch ein Rätsel, das ungelöst ist. Wer hat die Warnung geschrieben, die Miguel erhalten hat?"

Carmen lacht, etwas verlegen, und gesteht: „Das war ich. Ich habe die Nachricht geschrieben."

Alle schauen sie überrascht an. „Du? Warum hast du das getan?", fragt Miguel.

„Ich hatte Angst, dass euch etwas passieren könnte. Ich wusste, dass ihr etwas Gefährliches untersucht, und dachte, wenn ihr aufhört, wärt ihr sicher. Ich wollte euch nie erschrecken, nur beschützen", erklärt Carmen ehrlich.

Rosa hebt ihr Glas und sagt: „Dann lasst uns auf die Wahrheit und die Gerechtigkeit anstoßen. Und auf Freunde, die sich umeinander kümmern."

Die fünf heben ihre Gläser, lachen und feiern gemeinsam. Sie sind glücklich, dass *Der Garten der Alhambra* an seinen Platz zurückgekehrt ist und die Gerechtigkeit gesiegt hat.

## ENDE

# Vokabelliste

| | |
|---|---|
| interrogatorio | Verhör |
| traficante de arte | Kunsthändler (illegal) |
| registros telefónicos | Telefonaufzeichnungen |
| arrestar | festnehmen |
| obra robada | gestohlenes Kunstwerk |
| extradición | Auslieferung |
| bajo estricta seguridad | unter strenger Sicherheit |
| rescatar | retten |
| aventura | Abenteuer |
| pertenecer | gehören |
| discurso | Rede |
| aplauso | Applaus |
| trabajo en equipo | Teamarbeit |

## Apéndice

Como material adicional especial, en el apéndice hay información sobre Córdoba, sobre la escena artística en Andalucía y sobre la obra *El jardín de la Alhambra*, por supuesto, nuevamente con traducción al alemán y una lista de vocabulario.

## Anhang

Als spezielles Bonus-Material gibt es im Anhang noch Informationen über Cordoba, über die Kunstszene in Andalusien und über das Kunstwerk *Der Garten der Alhambra*, selbstverständlich wieder mit deutscher Übersetzung und Vokabelliste.

## Sobre Córdoba

Córdoba es una ciudad con mucha historia y cultura. Fue el corazón del Califato de al-Ándalus y tiene monumentos increíbles como la Mezquita-Catedral, famosa por sus arcos y columnas. Sus calles estrechas, los patios llenos de flores y los balcones decorados crean un ambiente especial. Es una ciudad donde el pasado y el presente se mezclan. Por eso, es un lugar perfecto para una historia de misterio como esta.

Córdoba es una ciudad preciosa, ideal para una escapada. No olvidéis visitar la Mezquita-Catedral y pasear por las calles estrechas de la Judería. En mayo, los patios llenos de flores son espectaculares. También podéis probar la gastronomía local, como el salmorejo o el flamenquín.

## Sobre la escena artística en Andalucía

Andalucía tiene una escena artística muy rica y variada. Hay arte antiguo, como la arquitectura árabe, y también arte moderno. En Córdoba, la artesanía es muy importante. La ciudad es famosa por su trabajo en cuero y plata. Hay muchas galerías y exposiciones que muestran que el arte es una parte importante de la vida en esta región.

## Sobre el cuadro ficticio

El cuadro *El jardín de la Alhambra* es una obra especial. Representa la belleza de la Alhambra y los jardines andaluces. Tiene colores vivos como el verde de las plantas y el azul del cielo. Los arcos y los detalles recuerdan la arquitectura árabe. Este cuadro no existe en la realidad, pero sería bonito si un artista pintara algo parecido como homenaje a la historia y la cultura de Andalucía.

El robo de arte es un problema global. Cada año desaparecen obras de arte valiosas, muchas veces para colecciones privadas. Ethan Carter, un personaje ficticio, representa este mundo lleno de peligro y secretos.

## Über Córdoba

Córdoba ist eine Stadt mit viel Geschichte und Kultur. Sie war das Herz des Kalifats von al-Andalus und hat beeindruckende Denkmäler wie die Mezquita-Catedral, die für ihre Bögen und Säulen berühmt ist. Die engen Straßen, die blumenreichen Innenhöfe und die dekorierten Balkone schaffen eine besondere Atmosphäre. Es ist eine Stadt, in der Vergangenheit und Gegenwart verschmelzen. Deshalb ist sie ein perfekter Ort für eine Geschichte wie diese.

Córdoba ist eine wunderschöne Stadt, die sich ideal für einen Kurzurlaub eignet. Besuchen Sie unbedingt die Kathedrale und spazieren Sie durch die verwinkelten Straßen der Judería. Im Mai sind die Patios, die blumenreichen Innenhöfe, besonders sehenswert. Probieren Sie auch die lokale Küche, wie Salmorejo (kalte Tomatensuppe) oder Flamenquín (gefüllte Fleischrolle).

## Über die Kunstszene in Andalusien

Andalusien hat eine sehr reiche und vielfältige Kunstszene. Es gibt alte Kunst, wie die arabische Architektur, aber auch moderne Kunst. In Córdoba ist das Kunsthandwerk sehr wichtig. Die Stadt ist berühmt für ihre Leder- und Silberarbeiten. Es gibt viele Galerien und Ausstellungen, die zeigen, dass Kunst ein wichtiger Teil des Lebens in dieser Region ist.

## Über das fiktive Gemälde

Das Gemälde *Der Garten der Alhambra* ist ein besonderes Werk. Es zeigt die Schönheit der Alhambra und der andalusischen Gärten. Es hat lebendige Farben wie das Grün der Pflanzen und das Blau des Himmels. Die Bögen und Details erinnern an die arabische Architektur. Dieses Gemälde existiert nicht in Wirklichkeit, aber es wäre schön, wenn ein Künstler etwas Ähnliches malen würde, als Hommage an die Geschichte und Kultur Andalusiens.

Kunstdiebstahl ist ein globales Problem. Jedes Jahr verschwinden wertvolle Kunstwerke, oft für private Sammlungen. Ethan Carter, ein erfundener Charakter, repräsentiert diese Welt voller Gefahr und Geheimnisse.

# Vokabelliste

| | |
|---|---|
| ciudad | Stadt |
| historia | Geschichte |
| cultura | Kultur |
| corazón | Herz |
| monumentos | Denkmäler |
| arcos | Bögen |
| columnas | Säulen |
| calles estrechas | enge Straßen |
| patios llenos de flores | blumenreiche Innenhöfe |
| pasado y presente | Vergangenheit und Gegenwart |
| escena artística | Kunstszene |
| rica y variada | reich und vielfältig |
| artesanía | Kunsthandwerk |
| cuero | Leder |
| plata | Silber |
| jardín | Garten |
| obra | Werk |
| colores vivos | lebendige Farben |
| arquitectura árabe | arabische Architektur |
| homenaje | Hommage |
| historia y cultura | Geschichte und Kultur |

## ¡Gracias por leer este libro!

Me alegra mucho que estés aprendiendo español y espero que hayas disfrutado de la historia.

¡Prepárate para el próximo capítulo lleno de emoción y aprendizaje!


## Vielen Dank, dass du dieses Buch gelesen hast!

Es freut mich sehr, dass du Spanisch lernst, und ich hoffe, du hattest Spaß an der Geschichte.

Freu dich auf die nächste spannende Folge voller Abenteuer und Lernfreude!